AF586805

SOCIÉTÉ

DES AMIS DE LA CONSTITUTION,

SÉANTE AUX JACOBINS, A PARIS.

ADRESS AU ROI DES FRANÇAIS,

Par des Citoyens Membres de la Société des Amis de la Constitution de Versailles; lue à la séance de la Société de Paris, le 18 décembre 1791, et imprimée par son ordre.

SIRE,

Quelques magistrats, abusant du dépôt précieux de la confiance publique, se sont unis pour vous apporter l'erreur; nous venons, appuyés de la seule force de l'évidence, vous montrer la vérité. Nul homme de bien ne peut s'effaroucher de son langage austère. Il est utile aux rois et aux peuples; il préserve les premiers des fautes qui renversent les trônes; il apprend aux seconds le terme où ils doivent arrêter ces fautes.

Plus le premier fonctionnaire public est puis-

A

sant, plus il importe que la lumière l'environne, afin que l'opinion s'élève comme un juge sévere, puissant et incorruptible, qui dise: « il fut bon » ou méchant, et non trompé ou séduit ».

O vous que la loi constitutionnelle de l'état a placé sur le trône, puissiez-vous sentir comme nous cette grande vérité! puissiez vous, jugeant nos cœurs et nos intentions comme ils doivent l'être, et vous pénétrant bien de ce qu'exige votre bonheur, le nôtre et celui de la patrie, vous écrier, en lisant cet écrit: « heureux celui qui » régne parmi des hommes libres! là, le men- » songe ne dure qu'un jour, et l'erreur périt » en naissant ».

Des membres du directoire du département de Paris sont venus vous parler, au nom de la liberté, de la constitution et du bien public; et nous aussi, nous venons en leur nom; mais notre langage sera bien différent.

Ils disent: « que l'assemblée nationale a pris » des mesures que la constitution, que la justice, » que la prudence ne sauroient admettre ». Et nous, nous disons que ces mesures sont conformes à la constitution et à la justice, et nous développerons aussi notre opinion sur ce que la prudence exige.

Il faut que la vérité sorte pure et sans tache de cette lutte contre l'erreur; nous suivrons pas à pas chacun des argumens des pétitionnaires du département de Paris, et nos réponses ne laisseront aucun recours à la fraude.

Avant d'attaquer le décret en lui-même, ils se demandent d'abord si l'assemblée nationale avoit le droit d'en rendre un sur cette matière; et voici leur raisonnement: « L'assemblée nationale cons- » tituante, en dépossédant les prêtres non-asser- » mentés, les a réduits à une pension. Voilà la

» peine, voilà le jugement : or, peut-on pro-
» noncer une nouvelle peine sur un point déjà
» jugé, toutes les fois qu'aucun délit individuel
» ne change pas l'état de la question ? »

Mais d'abord ceci n'est pas exact ; jamais l'assemblée constituante n'a infligé de peine aux prêtres non-assermentés ; elle a seulement dit : « nul ne pourra être fonctionnaire, sans remplir » cette condition ». Et en cela, elle n'a rien fait que de les soumettre à une loi commune aux autres citoyens du même état. Qui ne voit l'erreur grossière où le raisonnement des pétitionnaires prend sa source ? S'ils n'avoient pas confondu le jugement avec la loi, auroient-ils jamais avancé une pareille proposition ?

La loi est l'expression de la volonté générale, sur une circonstance prévue et considérée d'une manière abstraite. Le jugement est l'application de la loi à un cas particulier ; or le jugement ne peut changer, car il a dû appliquer la loi faite. Et quant à celle qui n'étoit pas faite ; « nul ne » peut être puni qu'en vertu d'une loi établie et » promulguée antérieurement au délit ». Mais la loi, la loi qui est l'expression de la volonté générale ; la loi qui est faite pour l'intérêt de tous, peut et doit changer ; et l'intérêt de tous exige, en différens tems, des mesures différentes. Or, le décret de l'assemblée constituante, qui considère abstraitement les délits des prêtres non-assermentés, est une loi. Donc il a pu changer ; donc l'assemblée nationale a pu prendre une nouvelle mesure sur cet objet ; elle l'a pu, ... mais elle ne l'a pas fait.... Il ne s'agit pas du serment exigé des prêtres, mais du serment dû par tous les citoyens. Le décret que l'on attaque, ne fait autre chose que de demander le serment civique, et déclarer suspect celui qui le refuse.

L'assemblée nationale n'a pas passé ses pouvoirs. Voyons si elle a excédé les bornes qui lui sont prescrites par la justice.

Elle fait dépendre, dit-on, pour tous les ecclésiastiques fonctionnaires, le paiement de leurs pensions, de la prestation du serment civique, tandis que la constitution a mis expressément et littéralement ces pensions au rang des *dettes nationales.* Mais que signifie ceci, si ce n'est dire, en d'autres termes, que l'assemblée nationale fait dépendre leur paiement de la reconnoissance qu'ils feront de leurs titres? Et en effet, qu'est-ce que le serment civique? C'est celui d'être fidèle aux autorités constituées, et de maintenir cette constitution qui fait le lien de la société et le titre de ces prêtres turbulens.

Celui qui refuse de prêter ce serment ne veut donc pas être fidèle aux autorités constituées, ni maintenir cette constitution; il la trouve donc injuste, illégale, ou ne veut pas s'y soumettre? Mais s'il la trouve injuste ou illégale, comment peut-il s'en faire un titre? S'il refuse de s'y soumettre, de quel droit exige-t-il que d'autres le fassent? S'il ne veut point la maintenir, pourquoi jouiroit-il de ses avantages? Toutes ces questions semblent victorieuses; et de quelque côté qu'on les examine, il faut toujours convenir que l'assemblée nationale a pu dire à tous les prêtres, comme à tous les hommes, cette vérité :

« Si vous reconnoissez la constitution, vous » devez vous soumettre à ses actes. Si vous ne » la connoissez pas, vous ne devez pas jouir de » ses bienfaits. »

Mais laissons ce raisonnement indépendamment de la constitution; considérons le traitement des prêtres non-fonctionnaires comme une véritable dette ; et dans cette hypothèse, examinons cette proposition des pétitionnaires.

» Le refus de prêter un serment quelconque,
» de prêter un serment même le plus légitime,
» peut-il détruire le titre d'une créance que l'on
» a reconnue? peut-il suffire, dans aucun cas, à
» un débiteur d'imposer une condition pour se
» soustraire à l'obligation de payer une dette
» antérieure? »

Une comparaison nous donnera la solution de cette demande.

Je tiens dans mes mains un glaive qui vous appartient ; il est à vous, je vous le dois ; mais je vous vois passionné, brûlant du desir de me détruire ; ne puis-je, ne dois-je pas vous demander la promesse que vous ne vous en servirez pas contre moi? et si vous me la refusez, suis-je coupable, parce que je remets en d'autres mains cette arme, que vous ne cherchez que pour m'assassiner? Non. Pourquoi cela? Parce que la sûreté est le premier des droits de l'homme, parce que pour elle, tout est juste, si ce n'est de sacrifier celui qui n'y attente pas. Par quel argument obligeroit-on la société de nourrir des gens justement suspectés de vouloir sa ruine? J'enchaine le fou qui s'élance sur moi; je tue l'assassin qui menace mes jours; j'écrase le reptile qui va m'empoisonner; pourquoi faudroit-il que je nourrise le serpent qui distille son vénin autour de moi, ou l'animal enragé qui n'existe que pour ma perte?

Mais, disent les pétitionnaires, « sur quel
» fondement suspecterez-vous les ecclésiastiques
» compris dans le décret du 29 novembre dernier? » Sur quel fondement? Quoi! on peut bien demander sur quel fondement nous suspecterons des hommes qui, jusqu'à ce jour, n'ont vécu

que d'injustice, des hommes que leurs intérêts, leurs passions, leur vengeance appelent au mal? Sur quel point de la terre l'homme portera-t il ses pas sans y rencontrer les traces des fureurs monacales, les crimes des lévites, les preuves de leur ambition forcénée, inscrites par la main du temps, par la juste vengeance de la nature sur le front de l'esclave, sur les terres abandonnées, au milieu des peuples asservis? Qu'ils interrogent, ceux qui doutent encore, les annales du monde, celles de la France, celles des quatre-vingt-trois départemens, depuis la conquête de la liberté! Qu'ils interrogent les malheureux habitans d'Avignon, ceux du Brabant! Qu'ils interrogent jusqu'à ces hommes furieux d'être dépossédés de l'héritage du pauvre! Qu'ils les entendent prêcher le fanatisme et la guerre! Et après tant de crimes, ils s'étonneront plutôt que la loi se contente d'un garant aussi foible que l'honneur et la probité de ceux qui les ont commis.

Mais écartons ces tableaux douloureux pour l'humanité, et renfermons nous dans les limites de la froide raison. On nous demande sur quel fondement nous suspecterons les ecclésiastiques qui auront refusé le serment civique! Eh bien, nous les suspecterons sur ce seul fondement, qu'ils auront refusé de promettre qu'ils ne chercheront pas le mal. Ce n'est qu'après ce refus que le décret du 29 novembre les prive de leur traitement.

« Mais, disent les pétitionnaires, la loi n'exige » pas le serment civique des autres citoyens non- » fonctionnaires. » Elle ne l'exige pas, soit: s'en suit-il qu'elle n'a pas le droit de l'exiger? La patrie n'a-t-elle pas le droit de dire à chacun de ceux qu'elle reçoit dans son sein: « je ne veux

» point de toi, si tu ne promets de respecter les » règles par lesquelles j'existe? » N'a-t-elle pas le droit de repousser ceux qui se refusent à cette équitable promesse? Elle ne s'en sert pas vis-à-vis des citoyens non-fonctionnaires. Eh! qu'y a-t-il d'étonnant à cela? quelle autre assurance voudroit-elle de celui qui vit paisiblement au milieu d'elle, sans l'attaquer, soumis aux loix qu'elle a dictées, heureux de son bonheur, intéressé à le conserver? Mais en est-il de même, lorsqu'elle voit dans son sein un troupeau d'hommes furieux, étrangers à la paix, à l'ordre, à l'égalité, à toutes les vertus que l'humanité réclame, lorsqu'elle voit ces hommes distiller la rage, aiguiser des poignards, appeler la guerre et le carnage sur le bon peuple qui les nourrit? Alors est elle injuste, lorsqu'elle ressuscite son droit, lorsque, pour toute vengeance, pour toute précaution, elle se contente de dire: « promet» tez-moi que vous serez soumis aux autorités » constituées et aux loix établies pour ma con» servation. » Que fait-elle, qu'user envers ceux qu'elle craint, du droit qui lui est acquis envers tous? Mais si elle use de son droit, elle ne fait donc rien d'injuste, et la loi a donc pu prendre cette mesure?

Oui, s'écrient les pétitionnaires; « mais si les » prêtres non-fonctionnaires ne prêtent pas ce » serment, on les déclare suspects de révolte » contre la loi: or peut on présumer ainsi le crime? » Etablissons le fait; il aura bientôt détruit tous ces vains sophismes. Nul individu ne doit vivre sans travail; et dans les prêtres non-fonctionnaires, la société en conserve une foule qui n'ont aucune espèce d'occupation; elle les nourrit sans leur imposer aucune obligation;

elle les protège: cependant elle les voit s'agiter, chercher le trouble; elle les trouve au milieu du tumulte, et pour se rassurer sur leurs intentions, pour calmer les inquiétudes de tous les membres, pour prix de la protection qu'elle leur accorde, elle ne leur demande que cette seule promesse, qu'ils maintiendront ses loix, qu'ils n'attenteront point à sa conservation. Cette promesse est l'assurance des seuls sentimens que la justice leur permette d'avouer; elle est essentielle à la tranquillité de tous; elle ne leur nuit en rien, et cependant ils la refusent? Hommes justes, hommes simples, prononcez! On nous demande s'il est permis de présumer le crime; dites-nous s'il est possible ici de ne pas le présumer? Comment ne pas suspecter celui qui ne peut pas promettre qu'il ne cherchera pas le mal? Comment, lorsque je dis à un homme: « il » est essentiel à la tranquillité de tous que vous » attestiez que vous ne chercherez pas notre » ruine »; comment, dis-je, est-il possible que je ne soupçonne pas cet homme, lorsqu'il me répond: « je ne veux, je ne peux pas le promettre. »

La loi du 22 juillet déclare bien suspect celui qui ne peut justifier d'un domicile, et dont personne ne veut répondre. Or, si celui-là est suspect, qui ne peut répondre d'un domicile, comment celui-là ne le seroit-il pas, qui ne peut pas même répondre de ses intentions? Comment ne pas redouter celui qui ne peut répondre de lui-même? Cependant la loi le protège encore; elle ne lui fait aucun mal; elle se contente de dire: « celui qui agit ainsi, m'est suspect; je » veillerai sur lui, je l'éloignerai des troubles, et » je le tiendrai en évidence, afin qu'il ne puisse

» rien machiner dans l'ombre. » Est-ce trop faire, est-ce trop prévoir, lorsque le soupçon est si bien fondé? Hommes froids, hommes insensibles, nous en appelons à votre conscience; pesez ce qu'exige la sûreté générale, et dites, si vous l'osez, que le législateur pourroit être tranquille, qu'il seroit innocent, après avoir négligé de semblables présomptions? La vérité porte un caractère qu'on ne peut méconnoître, et il nous semble que ce caractère se montre ici dans toute sa force. Celui qui refuse à la société qui le protège, la promesse de ne pas attenter à ses loix, doit nécessairement lui être suspect. Or, nul n'est obligé d'aider à celui qui est justement soupçonné de vouloir sa ruine. Donc, lors même qu'on regarderoit le traitement des ecclésiastiques comme une dette, la loi qui le retient dans ce cas n'est point injuste.

De quelle foule de questions nous pourrions appuyer encore les dispositions contenues au décret du 29 novembre! Suffit-il que l'assemblée nationale constituante ait mis le traitement des prêtres non-fonctionnaires au rang des dettes de l'état, pour que ce soit réellement une dette? Est-ce une dette de l'état, de nourrir une bande d'oisifs, de prodiguer le pur sang du peuple à substanter une nuée d'hommes avides et sanguinaires qui veulent ensemble la fainéantise, le premier rang, la richesse, et qui ne peuvent se contenter de la paix et de la place qu'ils auront méritée par leur talent?

Mais tirons un voile sur tous ces moyens que nous offre la justice éternelle; il nous suffit d'avoir fait triompher la vérité; nous respectons les décisions que l'humanité a dictées à nos premiers législateurs. Que chacun les respecte comme nous, et nous sommes prêts à nous y soumettre.

Peu contens d'avoir accusé l'assemblée nationale d'injustice, les pétitionnaires ont encore voulu la mettre en opposition avec les principes de la liberté. Le décret qu'ils attaquent, fixe des cas dans lesquels les ecclésiastiques qui n'auront pas prêté le serment civique, pourront être éloignés, et sur leur refus emprisonnés; et ils demandent « si ce ne seroit pas renouveler les ordres arbitraires? Mais qu'est-ce qu'un ordre arbitraire? Un ordre arbitraire est celui qui n'est autorisé par aucune loi; celui qui est délivré dans une forme non ordonnée par la loi; celui qui prescrit une peine que n'a pas prononcé la loi; celui enfin que le citoyen n'a pu prévoir en commettant l'acte dont il est puni. Or, ici rien ne se fait qu'en conséquence de la loi. Elle montre d'avance à celui qui se rend suspect, la peine qu'il encourt. Rien n'est donc arbitraire, rien n'annonce l'arbitraire, et les pétitionnaires calomnient à plaisir nos représentans.

Ils disent « que l'assemblée nationale refuse » à ceux qui ne prêteroient pas le serment civique, la libre profession de leur culte. Or, » ajoutent-ils, cette liberté ne peut être ravie » à personne; elle est consacrée à jamais dans » la déclaration des droits, dans les articles fondamentaux de la constitution. »

Oui, la libre profession des cultes est un des premiers principes que la raison réclame. Mais qu'est-ce que le culte? C'est la manière que chacun peut avoir d'adorer, comme bon lui semble, un dieu de paix, de justice et de bonté. C'est dans ce sens que la liberté en est permise à tous les hommes. Mais si quelques-uns prétendoient, renouveler ce culte infâme dont les sectateurs immoloient aux pieds de l'effigie ensanglantée d'un dieu de carnage, des enfans jeunes et tremblans, victimes innocentes de la barbarie, de l'ignorance de leurs pères, prétendroit-on que la constitution en assure la libre profession à tous les hommes? Non certes, non; tous, nous frémirions, et tous ensemble nous invoquerions ce principe de la déclaration des droits. « Nul ne » peut être inquiété pour ses opinions, même re» ligieuses, pourvu que leur manifestation ne » trouble pas l'ordre public établi par la loi. » Or, que doit-on penser d'un culte qui ne permettroit pas à ceux qui le professeroient de promettre qu'ils ne troubleroient pas l'ordre établi par la loi? Que devroit-on penser de ceux qui refuseroient cette promesse? S'ils ne peuvent promettre de se conformer à la loi, ils croient donc permis de ne pas s'y conformer. S'ils croient permis de ne pas s'y conformer, chaque sectateur qu'ils acquièrent est donc un ennemi né de la loi. Mais si chaque sectateur qu'ils acquièrent est un ennemi né de la loi, on ne doit donc pas leur permettre de faire des sectateurs. Et si on ne doit pas leur permettre de faire des sectateurs, on ne doit pas leur permettre de prêcher leurs maximes. Tout culte est permis en ce qui concerne le ciel; mais en ce qui concerne la terre, tous ses actes doivent être soumis aux loix; et certes ce culte-là ne seroit pas permis, qui ne se prêcheroit que le fer et le flambeau à la main, et qui ne consisteroit qu'à nous détruire.

O vous, le délégué d'une grande nation, vous le premier fonctionnaire de l'état, voilà les principes que la justice, que la raison, que la constitution autorisent! Si les pétitionnaires du directoire du département de Paris les avoient bien suivis, ils n'auroient pas osé vous faire pressentir une résistance criminelle de leur part à une loi juste. Sous tous les points de vue, ils n'auroient pas dit que cette loi les forçoit de tenir à leurs concitoyens ce langage. « Apprenez-nous quelle » profession vous avez exercée, et nous verrons » alors si vous avez droit à la protection de la » loi. » Car cette loi ne condamne point la profession, mais le principe. Elle n'inflige aucune peine au prêtre, mais seulement à celui qui refuse de promettre fidélité à la nation, à la loi, à vous, le roi des François, et soumission à la constitution conservatrice de la société. Si ces pétitionnaires avoient pu modérer leur orgueil, ils n'auroient pas dit que cette loi est contraire à la prudence, parce qu'ils auroient senti qu'il faut être doué des lumières de l'assemblée nationale, qu'il faut être au point où elle est, à celui où vous êtes, pour savoir ce que la prudence exige, et pour le déterminer; parce qu'ils auroient senti que la prudence exige qu'on pare le coup avant qu'il nous frappe, qu'on arrête le méchant avant qu'il nous assassine.

S'ils avoient été les amis de la vérité, ils n'auroient pas comparé le département de Paris au reste du royaume, et ils ne se seroient pas fait honneur d'un calme qu'ils ne doivent qu'à la philosophie et aux lumières de ses habitans: mais ils vous auroient dit que la sûreté publique est le premier besoin du peuple; ils vous auroient dit que cette sûreté est menacée par les rebelles rassemblés près de nos frontières, et que lorsque vous arrêtez la loi qui les frappe, c'est une raison de plus pour en porter une plus rigoureuse contre les séditieux de l'intérieur.

S'ils n'avoient pas cherché à propager l'erreur, ils n'auroient pas, par rapprochement odieux, comparé le régime du despotisme à celui des loix et de la liberté; ils n'auroient pas comparé Louis XIV, poursuivant, avec le fer et la flâme, les malheureuses victimes du fanatisme, pour les forcer d'adorer Dieu comme lui, avec les représentans d'une nation libre, disant aux hommes qui les persécutoient : « promettez-nous de ne » pas chercher notre mal, et vous serez nos frères » et nos amis ».

Enfin, s'ils avoient cherché le bien du peuple, de ce peuple indigné de leur audace, ils n'auroient pas tenté de retirer sa confiance de l'assemblée nationale; ils n'auroient pas attaqué une de ses démarches les plus essentielles, par une critique injuste et captieuse; ils n'auroient pas publié cette critique; ils n'auroient pas sollicité un pouvoir contre l'autre, et armé le fanatisme de la protection des magistrats. Ce qu'ils ont fait est mal, parce que c'est contre la jutsice, contre la raison, contre l'intérêt du peuple et le bonheur de la nation; parce que, lors même qu'ils n'auroient pas prêché l'erreur, en attaquant la confiance que nous avons en nos représentans, ils préparoient notre ruine.

Oui, nous l'attestons, de tout ce qu'ils vous ont dit, rien n'est vrai que ceci : « c'est que ceux-là » vous tromperoient, qui oseroient vous dire » que l'amour du peuple pour la révolution s'est » affoibli; qu'il verroit dans ce moment avec joie, » ou même avec indifférence, le succès de nos » implacables ennemis, et que sa confiance dans » ses représentans n'est plus la même ».

Oui, ils vous tromperoient, ils vous tromperoient bien fortement. Nos représentans sont de notre choix; ils sont nos parens, nos frères, nos amis; ils connoissent nos vœux; ils ont senti nos peines; leurs maux, leurs intérêts, leurs besoins sont les nôtres; ils vont rentrer sous le coup des loix qu'ils auront faites: comment n'auroient-ils pas notre confiance? Et s'ils ne l'avoient pas, à qui pourrions-nous la donner?

Ce qui est vrai encore, c'est que trop longtems des rebelles orgueilleux ont insulté à la bonté et à la patience d'un peuple libre; c'est qu'il est urgent, infiniment urgent, « que par » une conduite ferme et vigoureuse, vous mettiez » à l'abri de tout danger la chose publique, et » vous, qui en êtes inséparable; c'est qu'il est tems enfin que vous cessiez d'être le parent, et par votre indulgence le protecteur d'orgueilleux insensés, rebelles à la loi, insensibles à la voix de la patrie, pour n'être plus que le roi des François, et le vengeur du peuple qu'on outrage.

Ce qui est vrai, c'est que les amis de la liberté aiment l'ordre et la paix; c'est que l'ordre et la paix ne sont troublés que par les menées de cette poignée de séditieux rassemblés près de nos frontières, et coalisés avec ces hypocrites répandus dans l'intérieur, qui, après avoir déshonoré la religion par leurs vices, couvrent de son voile souillé les iniquités qu'ils préparent; c'est que nous sommes las de ces désordres, las de l'insulte, et de voir la liberté calomniée par les crimes que notre bonté laisse impunis; c'est que le terme de la patience est arrivé, et qu'après lui vient le tems de la justice; justice lente, mais terrible comme les maux qu'elle devra punir. Ce qui est vrai enfin, c'est qu'en arrêtant cette justice, vous trompez nos vœux et notre confiance; c'est que nos armes sont prêtes; c'est que nos cœurs fermentent dans l'inaction ; c'est que nous serons heureux de combattre pour nos concitoyens, pour nos frères, pour nos enfans, et glorieux d'arroser de notre sang les drapeaux de la liberté; c'est que cette liberté est notre premier bien, le seul que nous chérissions, et que nous sommes résolus de vivre sous les loix, ou de mourir pour elle.

Telle est, roi des François, la vérité. Après vous l'avoir fait connoître, nous ne vous dirons pas, comme les pétitionnaires du directoire du département de Paris, faites ce qui nous plaît; mais seulement, voilà ce qui est vrai; faites ce qui est juste: l'opinion vous jugera, et nous, nous restons soumis à la loi.

RÉPONSE DU PRÉSIDENT.

Messieurs,

La société, en reconnoissant la vérité de vos principes, applaudit à votre civisme. Les peuples savent qu'ils sont des hommes : c'est aux rois d'apprendre qu'ils ne sont que les mandataires du *souverain*. Qu'ils soient perdus dans la nuit de l'oubli, les siècles d'avilissement où des *sujets* idolâtres élevoient des monumens, du haut desquels les despotes sembloient, même après leur mort, commander encore aux peuples de se prosterner aux pieds de leur statue. Les nations qui ont des rois ne doivent plus adorer en tremblant leurs couronnes, mais respecter en eux les ministres des loix, et honorer leurs vertus, s'ils en ont. La société rend hommage aux vôtres, en vous invitant à la séance.

La société des amis de la constitution a arrêté l'impression de cette adresse, et l'envoi aux sociétés affiliées, dans sa séance du 18 *décembre* 1791, *l'an troisième de la liberté.*

MAX. ISNARD, *député à l'assemblée nationale, président*; LASOURCE; GRANGENEUVE; PH.-CH. GOUPILLEAU, *député à l'assemblée nationale*; RÉAL; L. PERROCHEL; J. ROUSSEAU, *secrétaires.*

De l'Imprimerie du PATRIOTE FRANÇOIS, place du Théâtre Italien.

www.ingramcontent.com/pod-product-compliance
Lightning Source LLC
LaVergne TN
LVHW052039160826
845678LV00003B/1421

* 9 7 8 2 3 2 9 6 2 9 1 3 1 *